BEI GRIN MACHT SICH IHR WISSEN BEZAHLT

Bibliografische Information der Deutschen Nationalbibliothek:

Die Deutsche Bibliothek verzeichnet diese Publikation in der Deutschen National-
bibliografie; detaillierte bibliografische Daten sind im Internet über http://dnb.d-
nb.de/ abrufbar.

Impressum:

Copyright © 2015 GRIN Verlag, Open Publishing GmbH
Druck und Bindung: Books on Demand GmbH, Norderstedt Germany
ISBN: 9783656987987

Dieses Buch bei GRIN:

http://www.grin.com/de/e-book/337350/die-rolle-der-philosophischen-reflexion-
fuer-ein-autonomes-selbstbewusstsein

Daniel R. Kupfer

Die Rolle der philosophischen Reflexion für ein autonomes Selbstbewusstsein

GRIN Verlag

GRIN - Your knowledge has value

Der GRIN Verlag publiziert seit 1998 wissenschaftliche Arbeiten von Studenten, Hochschullehrern und anderen Akademikern als eBook und gedrucktes Buch. Die Verlagswebsite www.grin.com ist die ideale Plattform zur Veröffentlichung von Hausarbeiten, Abschlussarbeiten, wissenschaftlichen Aufsätzen, Dissertationen und Fachbüchern.

Besuchen Sie uns im Internet:

http://www.grin.com/

http://www.facebook.com/grincom

http://www.twitter.com/grin_com

Projektarbeit

1. Fachsemester

Universität Leipzig

(WS 2015)

Die Rolle der philosophischen Reflexion

für ein autonomes Selbstbewusstsein

Institut: Sozialwissenschaften und Philosophie

Studiengang: Master Philosophie

Modul: Geschichte der Philosophie

Seminar: Selbstbewusstsein und Geschichte;

G.W. F. Hegel, Phänomenologie des Geistes

Umfang: ca. 32.833 Zeichen

Inhaltsverzeichnis

Einleitung

Es soll in dieser Arbeit untersucht werden, welche Rolle die philosophische Reflexion für ein autonomes Selbstbewusstsein spielt. Dabei orientiert sich die Arbeit zunächst an den Deutungsweisen und Kommentaren, welche Pirmin Stekeler-Weithofer in seinem Buch „Philosophie des Selbstbewusstseins"[1] über Hegels System als einer Formanalyse von Wissen und Autonomie vorstellt. Das Verständnis des philosophischen Selbstbewusstseins, so wie es Hegel in der Phänomenologie des Geistes (PdG) vorstellt, soll innerhalb dieses Rahmens erhellt werden, indem u.a. über dessen Voraussetzungen nachgedacht wird. Die Rolle der philosophischen Reflexion, die im Verdacht steht, die wichtigste Voraussetzung für eben jenes Selbstbewusstsein zu sein, soll auch darauf hin befragt werden, ob sie die Autonomie des Subjektes, welches mit Selbstbewusstsein ausgestattet ist, maßgeblich beeinflusst. An geeigneten Stellen, innerhalb dieser Überlegungen, wird zudem auf Gedankengänge und Anregungen aus den verschiedenen Aufsätzen und Beiträgen des Sammelbandes[2] „Hegels Erbe" zurückgegriffen.

Autonomie soll dabei freilich nicht als losgelöste und irgendwie totale Freiheit des Subjekts erfasst werden, sondern im weitesten Sinne würde man ein autonomes Subjekt im Kontext dieser Arbeit so betrachten, dass es ein Subjekt ist, welches sich aus freien Stücken und aus guten (d.h. vernünftigen) Gründen den Gesetzen, Regeln und Konventionen unterordnet, die ihm als Einschränkung seiner Freiheit nur im Sinne einer Einschränkung der Willkürfreiheit gegenüberstehen. Diesen noch abstrakten Begriff der Autonomie gilt es zu explizieren. Es soll in einem weiteren Schritt in dieser Arbeit untersucht und problematisiert werden, wie ein selbstbewusstes und autonomes „generisches Subjekt"[3] selbstbewusst und autonom wird, nicht im Sinne einer Beschreibung der Genese dieses Subjekts, sondern durch eine Reflexion auf den begrifflichen Kontext und eine Untersuchung der material-logischen Voraussetzungen für ein solches Subjekt und dem ihm entsprechenden Selbstbewusstsein.

Stekeler-Weithofer nennt die Reflexion auf diese und ähnliche Zusammenhänge auch eine Reflexion „über uns selbst und ein Nachdenken über die Bedingungen der personalen Teilnehmerschaft an einer Lebensform"[4]. Diese Bedingungen der Teilnehmerschaft des Menschen an einer Lebensform sollen explizit gemacht und problematisiert werden und zwar

---

[1] Stekeler-Weithofer, Philosophie des Selbstbewusstseins, 2005.
[2] Hegels Erbe, Suhrkamp, 2004.
[3] "generisches Subjekt" hier im Sinne einer allgemeinen Form von ebensolchen Subjekten, nicht ein einzelnes Subjekt ist Objekt der Betrachtung, sondern eine ganze Subjektklasse oder eben Subjektform. Es wird die Explikation eines generischen Begriffs des Subjekts im Kontext eben angestrebt.
[4] Stekeler-Weithofer, Philosophie des Selbstbewusstseins, 2005, S. 12.

so, dass der Begriff des hegelschen Selbstbewusstseins (aus der PdG) und der Begriff eines autonomen und selbstbestimmten Subjekts im Fokus der Betrachtung stehen. Das hegelsche Selbstbewusstsein, zu dem ein Subjekt reflexiv denkend aufschließen kann, wenn es sich selbst richtig (was das genauer heißt, wird noch zu klären sein) verstanden hat, ist wiederum eine Voraussetzung für ein autonomes Agieren innerhalb eben jener Teilnehmerschaft an den allgemeinen und speziellen Praxen und Lebensformen des vergemeinschafteten Menschen.

Dass es sich in diesem Prozess nicht bloß um eine geist- und kritiklose Integration von Individuen bzw. Subjekten in eine beliebige Gesellschaft und/oder Lebensform handeln kann, wird ebenfalls zu zeigen sein. Der aufklärerische oder kritische Impuls, der diesen Überlegungen innewohnt, scheint offensichtlich. Es wird die Idee verfolgt und vertreten, dass das philosophische Selbstbewusstsein und die damit einhergehenden verschiedenen Formen der Urteilskraft sehr wichtige Faktoren dafür sind, dass die Aufklärung als persönliches und historisches Projekt (wie es z.b. Adorno in der Dialektik der Aufklärung sehr dramatisch beschreibt) nicht dialektisch in sein Gegenteil umschlägt. Diesem selbstkritischen und selbstreflexiven „aufklärerischen Projekt" muss es m.e. gerade darum gehen, selbstbewusste, autonome und verantwortungsbewusste Menschen herauszubilden, welche weder in den Abgrund der Willkürfreiheit und damit der Verantwortungslosigkeit tappen, noch um solche, die sich zu blindem Räderwerk[5] im Getriebe irgendeiner Gesellschaft machen lassen. Das zeigt die wichtige Rolle an, die die philosophische Reflexion für ein autonomes Selbstbewusstsein einnimmt, welches immer in einem zugleich abhängigen und kritischen Verhältnis zu seiner eigenen Lebensform und zur Gesellschaft steht. Wer sich selbst wahrheitsgemäß begreifen will, der darf nicht denkend bei sich stehen bleiben.

---

[5]Vergleiche dazu auch: "Das älteste Systemfragment des Deutschen Idealismus" in G.W.F. Hegel, Frühe Schriften, Suhrkamp, 1986.

1.   Die philosophische Spekulation

1.1.   Hegel und die Philosophische Reflexion

Die Philosophische Reflexion verschafft dem reflektierenden einen Überblick und damit Orientierung. Wenn man einen solchen Satz behauptet und wenn er überzeugen soll und also gelten will, dann muss zunächst bestimmt werden, auf welchen Geltungsbereich er sich bezieht, man muss erklären, worüber genau ein Überblick gewonnen werden soll, damit ist dann auch gesagt, worin der Orientierungsgewinn besteht. Auch muss der Begriff der Reflexion, der das Vorhandensein einer speziellen Methode und/oder einer Praxis, eines theoretischen bzw. denkenden Handelns andeutet, erklärt werden. Die Frage was diese philosophische Reflexion ist, die ja im Sinne dieser Arbeit zugleich an Hegels Denken und Stekeler-Weithofers Interpretation dazu anschließen will, muss geklärt werden. Stekeler weist darauf hin, dass er den naheliegenden Begriff der (philosophischen) Spekulation vermeiden will und darum den Begriff der Reflexion verwendet, weil der erstere Begriff negativ konnotiert sei.[6] In dieser Arbeit wird aus demselben Grund, und weil der Bezug zu Stekeler-Weithofers Interpretation zunächst ausdrücklich hergestellt werden soll, der Begriff der Spekulation durch den der Reflexion ersetzt. Wobei der Standpunkt vertreten wird, dass ein im hegel'schen Sinne richtig verstandener Spekulationsbegriff dem Begriff der Reflexion, so wie er hier verwendet wird, entspricht. Der Begriff „Spekulation" (lat. speculatio) bedeutet „ausspähen" oder „von einem erhöhten Standpunkt Ausschau halten", das deutet bereits an, wie dieser Begriff im Sinne der verbesserten Orientierung und Urteilskraft einen gewissen Sinn gewinnen kann. Zum anderen bedeutet „speculum" (lat.) „Spiegel" und damit haben wir eine semantische oder materiale Verbindung zum Begriff der selbstreflexiven Reflexion. Stekeler-Weithofer leitet sein Kapitel über die Macht der Reflexion auch mit der Spiegelmetapher ein, und deutet die Reflexion im Sinne einer Rückwendung der Aufmerksamkeit.[7] Es liegt m.E. sehr nahe, hier an die transzendentalen Analysen Kants oder an das „Denken des Denkens" (als Titel für das Projekt des Deutschen Idealismus) ganz allgemein zu denken, weil dieses Denken eine Rückwende auf den Denkprozess selbst ist, in Abgrenzung zu einem rein objektstufigen Denken eines empirischen oder sinnlich-naiven Weltbezuges eines Subjekts, welches auf diese Weise auf ein Objekt Bezug nimmt, als sei dieses schlicht gegeben[8]. Das metastufige Denken, welches z.B. über transzendentale erkenntnistheoretische Aspekte, über die Sprache und über das Denken und die Logik

---

[6]Stekeler-Weithofer, Philosophie des Selbstbewusstseins, 2005, S. 11.
[7]Ebenda S. 43.
[8]Vergleiche dazu auch: John McDowel (über W. Sellars), Hegels Erbe, 2004, S.185 ff.

nachdenkt, ist in diesem weiten Sinne Reflexion. Der Topos dieser Reflexion ist das Denken und Sprechen selbst, der Ort an dem die wachsende Orientierung und der gesteigerte Überblick sich manifestieren, ist das Denken und der Geist. Mit Hegel (auch schon mit Kant) weiß man, dass uns die scheinbar gegebene[9] Welt, oder das konkrete Objekt, immer geistig und also begrifflich vermittelt erscheint, dass das Wissen über die Welt der Objekte immer auch ein Wissen über Begriffe ist, oder dieses voraussetzt. Der noch etwas abstrakte Begriff, den wir jetzt von der philosophischen Reflexion gewonnen haben, reicht zunächst aus, um weitere Überlegungen, im Sinne der Frage nach der Rolle der Autonomie und Selbstbestimmung, anzuschießen.

1.2. Der Nutzen der Philosophie

Der Nutzen der Philosophie soll hier nicht, wie es Michael Quante[10] sehr originell vorschlägt, im Sinne einer Therapie verstanden werden, bei der Scheinprobleme aufgelöst werden, indem man sie als solche versteht. So leistet die so verstandene sinn-kritische Philosophie ihren Beitrag zum guten bzw. gelingenden Leben, indem sie z.B. Leid verursachende Überzeugungen durch Argumente widerlegt. Aber dennoch wird es auch in den folgenden Überlegungen, und mit Blick auf die gesamte Arbeit, um das Auflösen von Problemen durch eine Steigerung der Orientierung im Denken gehen.

Wenn wir die Frage nach dem Nutzen der Philosophie stellen, dann fragen wir danach, was sie uns als Menschen nützt, die wir denkende und handelnde Wesen in einer Welt sind, die wir nur begrenzt verstehen. So zu fragen bedeutet, die Philosophie in den Kontext des gelingenden Lebens zu stellen.

Nach dem Zweck der Philosophie in einem ähnlichen Sinne fragt auch Stekeler-Weithofer, wenn er kritisch anmerkt, dass die Philosophie wohl mehr sein muss, als nur die Selbstbespiegelung ihrer eigenen Genese im Sinne einer Betrachtung und Besprechung der Philosophiegeschichte[11]. Stekeler wirft hier u.a. die Frage auf, ob es nicht der tiefste Ratschlag der philosophischen Reflexion sei, der uns zugleich vor dem blinden Befolgen gegebener Regeln und vor einem Handeln in vorgegebenen Schemata, wie auch vor dem

---

[9] Der Kritik am "Mythos des Gegebenen" kann im begrenzten Rahmen dieser Arbeit nicht weiter nachgegangen werden, da dieser epistemisch-erkenntnistheoretische Ausflug uns zu weit vom Hauptthema abbringen würde, obwohl er dennoch eine gewisse Nebenrolle spielt.
[10] Vgl.: Michael Quante, Hegels Erbe, 2004, S. 329 ff.
[11] Stekeler-Weithofer, Philosophie des Selbstbewusstseins, 2005, S. 44.

voreiligen Zustimmen zu nur praktikablen Lösungen, bewahrt[12]. Gemeint ist m.E. ein unreflektiertes Mitmachen und im nächsten Schritt auch ein gleichsam unreflektiertes Verweigern der Partizipation an gegebenen Praxen und Lebensformen. Ein urteilsfähiges und selbstbewusstes Subjekt würde wohl beide Extreme meiden, weil es weiß, dass das Gegebene nicht gut ist, nur weil es gegeben ist und dass die Passivität eines Akteurs nicht gut ist, nur weil er die Partizipation an einer noch unbestimmten Praxis oder Lebensform verweigert. Es muss also zunächst erkannt und beurteilt werden, ob Regeln, Handlungen, Praxen, Lebensformen gut, im Sinne von vernünftig und gedeihlich für den Menschen, sind, bevor man sich zur Partizipation oder Passivität entscheiden kann, wenn man dies mit guten Gründen tun will. Eine Kritik im Sinne einer Untersuchung des Bestehenden oder Gegebenen, wäre eine Möglichkeit, sich die nötige Urteilskraft denkend zu erarbeiten. Das braucht freilich Zeit, und zwar umso mehr, wenn das Urteil treffsicher und der Überblick hochauflösend sein soll.

Man könnte jetzt formulieren, dass ein Wissen über diese Sachverhalte eine bestimmte Form des Selbstbewusstseins ist, und zwar insofern, als es ein Wissen über sich selbst ist, welches das Selbst oder Subjekt immer schon in einem Kontext eingebettet begreift, welchen es begrifflich zu durchdringen hat. Diesen Kontext zu verstehen, in dem das Subjekt selbst zunächst immer schon eingebettet ist, an dem es partizipiert, ist Voraussetzung dafür, dass das Subjekt sich selbst versteht. Hier haben wir einen hegel'schen Gedanken, nämlich den, dass das Subjekt seine Wahrheit nicht bei sich selbst finden kann. Das Subjekt begreift man nicht, wenn man es nicht in einem Verhältnis zu seiner Umwelt, zu seinem Kontext begreift.[13] Der Nutzen einer so angelegten Reflexionsphilosophie wäre also der Gewinn eines Selbstverständnisses und damit eines Bewusstseins von uns Selbst, als Wesen, welche wesentlich durch einen sie umgebenden Kontext bestimmt sind. Wobei dem Subjekt zugleich auch aufgeht, dass es eben jenen Kontexten und Gegebenheiten nicht blind ausgeliefert ist bzw. bleiben muss, sondern, dass es diese begreifen, kritisieren, verändern oder gar vollständig umformen kann. Damit gewinnt das Subjekt auch einen ersten und einfachen Begriff seiner eigenen Macht und Kraft, gegenüber der zunächst faktischen Macht der Umstände, seien diese natürlichen oder politisch-sozialen Ursprungs. Später wird noch

---

[12]Ebenda.

[13]Stekler meint, dass es sich bei der philosophischen Reflexion nicht um Formen der Selbstbespiegelung, Introspektion oder private Selbsterkenntnis handelt. Meines Erachtens ist ein Verstehen des Subjekts im Sinne des Selbstbewusstseins der Autonomie gar nicht möglich, wenn nicht auf die Umstände und Kontexte reflektiert wird, von denen das Subjekt jeweils bestimmt ist und die es mitbestimmt, auch wenn das Mischungsverhältnis von Fremdbestimmung und Selbstbestimmung stetig wechselt, aber dazu an geeigneter Stelle mehr.

genauer zu untersuchen sein, welche Rolle für eine Entfaltung der gesteigerten Handlungsfähigkeit eines Subjekts gerade dessen Partizipation an gegebenen und selbst etablierten Praxen und Kooperationsformen ist.

1.3   Das philosophische Selbstbewusstsein

Das philosophische Selbstbewusstsein soll hier nicht zuerst als das richtige Selbstverständnis der Philosophie, oder als das „Selbstbewusstsein der Philosophie als Wissenschaft" verstanden sein, auch wenn dies in etwa der Struktur jenes Wissens entspräche, die Hegel als das „absolute Wissen"[14] bezeichnet. Das Selbstbewusstsein soll hier lediglich in der Dimension des wahren Wissens über sich selbst skizziert werden, wobei falsche Verständnisse des Selbst und verkürzte Selbstkonzepte kritisiert werden, was bereits im vorherigen Kapitel in abstrakter Form erfolgt ist.

Wenn am Ende dieser Arbeit verstanden werden soll, welche Rolle die philosophische Reflexion für ein autonomes Selbstbewusstsein spielt, dann ist es überaus wichtig, die verkürzten Selbstkonzepte zu kritisieren, wobei idealer Weise gezeigt würde, dass eben gerade falsche Selbstkonzepte die Autonomie des jeweiligen Subjekts gefährden. Das falsche oder allzu beschränkte Selbstwissen würde nämlich, schon bevor „die Welt", „die Umwelt", „der andere", „die allg. Regeln", „das Gegebene" uns wie auch immer bestimmen können, uns selbst falsch bestimmen. Wer sich selbst falsch bestimmt und sich also nicht richtig versteht, der ist nicht nur in Bezug auf sich selbst falsch orientiert, der kann auch gewisse Handlungen[15] nicht oder nur mangelhaft realisieren. Darum ist das Selbstbewusstsein in diesem Sinne so wichtig und ein Streit über ein richtiges Selbstverständnis des Menschen so wichtig.

Das philosophische Selbstbewusstsein ist ein bestimmtes Wissen, oder eben ein Bewusstsein von uns selbst, über uns selbst. Es grenzt sich ab, von jenem Selbstwissen, welches nur introspektiv vorgeht, welches die Wahrheit des Selbst oder des Subjekts in irgendeinem Inneren sucht. Auch grenzt es sich von jenem Selbstwissen ab, welches durch transzendentale Betrachtungen im Sinne Kants zustande kommt. Diese Konzepte sollen hier nicht weiter und im Detail erörtert werden, sie dienen nur als grobe und logisch negative Markierungen, um eine logisch positive Bestimmung des Selbstbewusstseins einzuleiten. Die Bestimmung des

---

[14]Hegel, Phänomenologie des Geistes, 1986, S. 575 ff.
[15]Nämlich generische Handlungsformen, welche die Kenntnis ihrer Form und Umsetzung voraussetzen, und zudem auch eine richtige Verortung des Subjekts (ein richtiges Selbstverständnis) in diversen sozialen und sonstigen Umfeldern verlangt.

philosophischen Selbstbewusstseins im angestrebten Sinne ist das Betrachten eines Konzeptes der Selbstreflexion, welches über die reine Selbstbespiegelung eines Subjekt hinaus geht. Wenn man sich das allgemeine Vorgehen Hegels innerhalb der PdG anschaut, so kann man feststellen, dass jede beschränkte Wissensform zugunsten einer weniger beschränkten und komplexeren Form überwunden wird. Ebenso muss eine Reflexion auf das Selbst oder Subjekt jedes beschränkte Konzept, hier also Selbstkonzept, überwinden, wenn es im dialektischen Sinne fortschreiten will zu einem tieferen und wahreren Verständnis der Sache, hier des Wissens über sich selbst. Wenn sich ein Subjekt selbst begrifflich erfassen will, macht es sich zum Objekt seiner Betrachtung und setzt sich so in ein Verhältnis, in dem es bei objektstufigen Betrachtungen zur Welt steht. Das bedeutet, das Denken denken. Sprachkritisch gewendet kann es auch das Nachdenken über die Formen der Sprache bedeuten, da Sprache und Denken sehr eng korreliert sind. Wenn ein Subjekt solche selbstbezüglichen Denkprozesse ausführt, reflektiert es aber nur teilweise wirklich „rein" auf sich selbst, denn in ihm selbst befinden sich jene verinnerlichten und angeeigneten allgemeinen Formen des Denkens und Sprechens, welche das Subjekt aufgrund seiner Partizipation an den allgemeinen Praxen und den generischen Formen des Denkens, Handels und Sprechens in sich trägt. Das Subjekt ist immer bereits vergesellschaftet und muss dies notwendig bei einer richtig angestellten und verstandenen Selbstreflexion auch entdecken. Ist nun nicht bereits eine erste Teilskizze des philosophischen Selbstbewusstseins gelungen und so auch eine erste Vermittlung zwischen Subjekt und objektiven Strukturen? Dieses Selbstbewusstsein „weiß in sich" die allgemeinen Strukturen, weil es am Allgemeinen Teil hat, und es hat sich selbst als spezielles Erkenntnisobjekt im Sinne einer metastufigen Reflexion gewonnen, ohne dabei bei sich selbst stehen zu bleiben. Das philosophische Selbstbewusstsein erkennt das Subjekt als Teilnehmer einer allgemeinen Praxis und Lebensform mit all ihren Unterformen und generischen Begriffen und Handlungen.

Der nächste Schritt wäre nun, dass eben diese Erkenntnis im Sinne des kritischen Impetus dieser Arbeit, auch jene Bereiche umfasst, die man ein Selbstwissen über die Spontanität und die Freiheit des Subjekts nennen könnte. Das Subjekt entdeckte sich bereits als Teilnehmer an jenen Praxen des Denkens, Sprechens und Handelns. Es entdeckte sich als ein in Kooperationsformen eingebundenes und von den Regeln dieses generisch Allgemeinen durchdrungenes Bewusstsein. Wenn es Teil hat am Allgemeinen und wenn es ein freies Subjekt ist, dann kann es dieses Gegebene auch negieren. Negieren soll hier zunächst nur verstanden werden als ein Infragestellen. Die Macht der Negation ist beim Subjekt,[16] weil das Subjekt im Denken dennoch frei [17]ist. Das heißt freilich nicht, dass das Subjekt aus den allgemeinen Formen einfach ausbrechen, oder dass es diese direkt umbestimmen kann. Es kann aber so etwas wie „Einspruch" erheben, es kann negieren, es kann das Gegebene als bloß Gegebenes zurückweisen. So erzeugt es einen spontanen Freiraum und eine gewisse Distanz zu bloß gegebenen Regeln, Sprechweisen, Umständen u.v.m. und wenn das Subjekt genug Willenskraft und die nötigen Mittel zu Verfügung hat, dann kann es die gegebenen Strukturen auch beeinflussen und umformen. Dieser Gedanke wird bei den Betrachtungen zur Autonomie und Selbstbestimmung noch außerordentlich wichtig sein. Untersucht werden soll, welche Rolle die philosophische Reflexion für ein autonomes Selbstbewusstsein spielt. Ein philosophisches Selbstbewusstsein im Sinne dieser Arbeit wird also gewonnen, durch Reflexion auf das Subjekt als Subjekt in einer Gemeinschaft.

2.   Autonomie und Selbstbestimmung

2.1.   Die philosophische Reflexion als Voraussetzung der Autonomie

Das autonome Selbstbewusstsein ist das Bewusstsein eines Subjekts von sich selbst als einem Subjekt, welches sich selbst zugleich als vergesellschaftet und als die Gesellschaft mitbestimmende Instanz begreift. Die Vergesellschaftung durchzieht auch die Begriffe und die Sprache, die auf diese Weise das Allgemeine[18] repräsentieren, welche ein Subjekt benutzt, um wiederum sich selbst und seine Rolle im Ganzen einer Gesellschaft zu verorten. Auch benutzt es diese allgemeinen Mittel, wenn es Kritik übt oder wenn es in kooperativen Praxen versucht, eben jenes Allgemeine umzugestalten, sei es in Form von Politik, oder in Form von Wissenschaft. In beiden Bereichen wird das generisch Allgemeine vom Zusammenwirken der Menschen in ihren Anerkennungsverhältnissen und Praxen des gemeinsamen Handelns erst erzeugt und als ein Allgemeines bestätigt.

Ein autonomes Subjekt, wie es hier vorgestellt werden soll, ist auf diese Weise, als Teilnehmer an diesen Praxen, z.B. der Setzung von Recht, der Schreibung von Geschichte, des

---

[16]Es wird hier permanent auf Gedankengut zurückgegriffen, das von Hegels Schriften und den verschiedenen Einführungen zum Deutschen Idealismus (siehe Literaturliste) durchdrungen ist, wobei eine genaue Verortung unmöglich ist, da hier nur sehr abstrakte Betrachtungen erfolgen, welche eben durch Abstraktionen sehr vieler Textstellen gewonnen sind. Das Problem ist also bewusst, aber die Text- und Quellennähe wird hier (zu Teilen) einer hoffentlich flüssigen Denkbewegung geopfert.

[17]Vgl. dazu auch Hegel, Phänomenologie des Geistes, 1986, S. 156.; "Im Denken bin ich frei, weil ich nicht in einem anderen bin, [...]".

[18]Ebenda S. 85.

Aufstellens von Theorien, des Gestaltens des Lebens seiner Gemeinschaft und seiner eigenen Lebensform, frei bzw. autonom, insofern es selbstbewusst dieser Teilhabe zustimmen kann, ohne dabei in einen Konflikt mit seinen eigenen Interessen zu geraten. Das heißt auch, dass ein Subjekt - welches über ein, im Sinne unseres Begriffes von Selbstbewusstsein, entfaltetes Verständnis von sich und seiner Vergesellschaftung hat – sich in einem solchen Konflikt immer nur sozusagen „auf Zeit" befinden würde, da es an den generisch allgemeinen Gesetzen und Regelungen produktiv Teil hat und so seine eigenen Interessen in die Gestaltung dieses Allgemeinen einfließen lassen kann. Konkret bedeutet das z.B., dass ein Subjekt die Gesetze unter die es fällt, selbst mitgestaltet hat. Wenn dieses Mitgestalten nicht direkt und unmittelbar ist, ist es dennoch durch die intersubjektive Zustimmung im arbeitsteiligen Prozess der Schöpfung jenes Allgemeinen gegeben. Die Legitimation eines generisch allgemeinen Gesetzes oder einer Regel kann hinterfragt und eingefordert werden, eben weil sich das selbstbewusste und autonome Subjekt seine Rolle in der Gesellschaft und seiner Partizipation bewusst ist. Die Philosophische Reflexion ist Voraussetzung für die Autonomie, weil nur sie einem Subjekt diese sehr komplexen und wechselseitigen (oder dialektischen) Verhältnisse begrifflich erschließt - wohingegen ein bloßes Funktionieren und Nachahmen der generisch-allgemeinem Handlungsformen in einer Gemeinschaft nur ein knechtisches Bewusstsein[19] gegenüber den Regeln und Formen hervorbringen können. Und dem knechtischen Bewusstsein folgt die knechtische Handlung. Denn, und das war ja eine wichtige Erkenntnis für diese Überlegungen, das Bewusstsein bzw. das Selbstbewusstsein und damit die geistigen Fähigkeiten des Subjekts, beschränken und erweitern die jeweiligen Handlungsformen eines konkreten Subjekts, oder eben auch Menschen. Hier vom Menschen zu reden, bedeutet, dass wir die Abstraktion des formalen Subjekts jederzeit auch wieder in die realen Formen des menschlichen Lebens übersetzen können. Der Mensch kann eben nur Handlungen als Handlungen ausführen, deren Sinn er begreift, ansonsten fällt seine Bewegungsform in den Bereich des bloßen Verhaltens. Soziale Handlungen, die oft sehr vermittelt und hochkomplex sind, setzen ein Selbstbewusstsein voraus, welches das Allgemeine und darin den eigenen Ort bestimmen kann. Zumindest wenn diese Handlungen von Erfolg gekrönt sein sollen und dass sollen sie, denn darum handeln wir in der Regel. Stekeler-Weithofer konstatiert: „Dem unbefangenen Verfahren des bloß empraktischen

---

[19]Hier könnte man die berühmte Figur Hegels von "Herr und Knecht" anwenden, indem das Tun des Knechtes (hier das Subjekt) als ein Tun des Herren (die Regel, das Gesetz) begriffen wird, da der Knecht passiv und ohne Urteilskraft und ohne volles Selbstbewusstsein den "Willen" des Herren tut. Ähnlich wie ein blind regelgeleitetes Tun (welches im übrigen gar kein Handeln mehr wäre) ein Tun wäre, welches nur die Regel umsetzt und eigentlich nur mehr mechanischer Ausdruck der Regel ist. Vgl. dazu auch Hegel, Phänomenologie des Geistes, 1986, S. 151 f.

Nachvollzuges vorgegebener Schemata, des bloßen Paraphrasierens von Texten oder des geregelten Verhaltens mangelt es aber an Selbstbewusstsein."[20] Dieser Mangel ist Folge unvollständiger oder sogar fehlender Reflexion auf die Verhältnisse in denen man als Subjekt steht. Die philosophische Reflexion ist eine Voraussetzung für ein autonomes Subjekt, weil sie ein Selbstbewusstsein für die eigene Situation schafft und weil sie ein autonomes Handeln ermöglicht, indem sie dem Subjekt die reale Möglichkeit zur Kritik und Partizipation aufzeigt und praktisch einräumt.

2.2. Die Teilhabe an selbstbestimmten Lebensformen

Die Teilhabe an selbstbestimmten Lebensform ist die aktive und kritische Teilhabe an Lebensformen, die immer auch durch die Subjekte selbst hervorgebracht und verändert werden kann. Die philosophische Reflexion auf die Verhältnisse in denen wir stehen, ist immer auch eine Reflexion auf die Pluralität der Lebensformen, die uns ja als Faktum gegenübersteht. Denken wir z.b. an verschiedene Berufe, verschiedene soziale Rollen, oder an die verschiedenen Lebensformen und die damit verbundenen Handlungsformen, die sich an verschiedenen Weltbildern orientieren. Eine aktive Teilhabe (die passive haben wir als defektiv oder beschränkt, im Sinne des voll entfalteten Selbstbewusstseins gekennzeichnet) an ganz verschiedenen Lebensformen setzt die Kenntnis der Regeln und Form dieser Lebensform voraus. Ein bloß passives Mitmachen sähe von außen her betrachtet vielleicht ähnlich aus wie eine aktive Teilhabe an einer Lebensform, aber befragt man einen solchen passiven Mitmacher nach den Gründen für sein Tun, so kann er keine überzeugende Auskunft darüber geben, was er da eigentlich tut und aus welchen Gründen er es tut. Er kann nicht angeben warum sein Tun sinnvoll ist, weil er den Kontext, in dem sein Tun eingebettet ist, gar nicht begriffen hat. Wer aber den Kontext in dem er handelt begriffen hat, der kann sich innerhalb dieses Kontextes verorten, der kann Auskunft über Sinn und Zweck seiner Handlungen geben und er kann sich innerhalb dieses Kontextes auch bewegen. Der Kontext kann der beschränkte eines Schachspieles, oder der einer hochkomplexen gesellschaftlichen Ordnung sein, wobei die Möglichkeit einer Explikation des Kontextes mit seinen Regeln in beiden Fällen gegeben ist, wenn das Subjekt über das in unserem Sinn ideal ausgeformte Selbstbewusstsein verfügt, wobei die Komplexität so verschieden sein kann, dass sie praktisch nicht in jedem Fall durchführbar ist, aber für die formale Analyse hier reicht die Möglichkeit dazu aus. Wer seine Lebensform begriffen hat, der begreift sich selbst und seine Umwelt, den Kontext in dem er

---

[20]Stekeler-Weithofer, Philosophie des Selbstbewusstseins, 2005, S. 50.

sich bewegt. So bewegt man sich immer zugleich real, indem man handelt, und dann wieder begrifflich, indem man sein Handeln erklärt, rechtfertigt, expliziert.

Wer an einer solchen Praxis oder Lebensform des gemeinsamen Handelns selbstbewusst teilnimmt, der kann diese Lebensformen auch verändern, er kann sich neue Rollen suchen, neue Regelungen etablieren, er muss dazu nur diese Modifikationen und Neuerungen von den anderen Mitgliedern und Teilnehmern dieser Praxen und Lebensformen anerkennen lassen. Um die Skizzierung dieses „Kampfes um Anerkennung"[21] wollen wir aber einen Bogen machen, es genügt für die Zwecke dieser Arbeit, dass die naive Vorstellung von z.b. einer gesellschaftlichen Veränderung, die nur durch das Tun und Wollen eines einzelnen Subjektes, oder durch idiosynkratische Beschlüsse vonstatten geht, als verkürzt und viel zu abstrakt zurückgewiesen wird. Es wird also das Vorhandensein intersubjektiver Aushandlungsprozesse, als auch die mehr oder weniger freie Gesellschaft, eben als der Möglichkeit für solche Praxen der An- und Aberkennung, vorausgesetzt. Auch mit Blick auf das letzte Kapitel, in dem der Begriff der Selbstevolution entwickelt werden soll, ist wichtig, dass die selbstbewusste Teilname an einer Lebensform in einer Gemeinschaft die philosophische Reflexion voraussetzt, da diese das Selbstbewusstsein inhaltlich und formal bestimmt.

2.3. Autonomie und Selbstkonstitution

Ein Leben in Autonomie (eines Subjekts) wurde mit Bezug auf ein bestimmtes Verständnis des Selbstbewusstseins skizziert, als ein selbstbestimmtes Leben, welches die Momente der Freiheit und Kritik enthält, welches aber zugleich anerkennt, dass die allgemeinen Regeln und Gesetze als ein Allgemeines dem vorausgeht. Wobei das selbstbewusste Subjekt anerkennt, dass es zunächst diesen Regeln und Gesetzen (z.B. dem positiven Recht) unterworfen ist, es aber zugleich realisiert, dass dieses Allgemeine ein generisches Allgemeines ist, welches durch die Praxen (z.B. die der Gesetzgebung) für die Subjekte stets beeinflussbar und kritisierbar bleibt. Man kann sagen, dass das einzelne Subjekt (oder der einzelne Mensch) stets unter Gesetze und Regeln fällt, welche eine intersubjektive Praxis der Gesetzgebung und des Bestimmens von Regeln konstituieren und eben auch bewahren.[22] Diese sich

---

1. [21]Im Sinne eines Kampfes, wie der um das bessere Argument. Im weiteren Sinne auch, wie der zwischen Herr und Knecht in Hegels PdG, oder den sozialen und politischen Kämpfen um Anerkennung, wie sie Axel Honneth in seinem Werk "Kampf um Anerkennung" nachzeichnet, wobei er Hegels metaphysischen Ballast durch Empirie überwinden will. (Vgl. dazu auch Axel Honneth, Kampf um Anerkennung, 2012, S. 107 ff.).
[22]Naturgesetze und natürliche Regeln und dergleichen sind zunächst ausgeklammert. Hier wird von einem Subjekt ausgegangen, dass nahezu vollständig kultiviert und also von Strukturen umgeben ist, die es durch

selbstschöpfende Lebensform scheint dem Menschen, wenn er eben auf der Höhe der Erkenntnis seiner selbst ist, wesentlich zu sein, wobei hier die Entfaltung dieser kollektiv-selbstschöpferischen Fähigkeiten stark davon abhängt, wie ausgeprägt das Selbstbewusstsein ist, wie explizit das jeweilige Subjekt Einblick in sich selbst als ein vergesellschaftetes Wesen hat.

Im Prinzip sagt Brandom (mit Bezug auf Hegel) ebenfalls, dass Wesen mit Selbstkonzeptionen geschichtlichen Entwicklungsprozessen unterworfen sind und dass deren Selbstkonzepte stark davon abweichen können, was sie in Wirklichkeit sind.[23] Auf diese Abweichung der Selbstkonzepte (für mich) und die Anerkennung durch andere (an sich) soll hier nur insofern eingegangen werden, wie es eigentlich schon gesagt worden war. Nämlich nur als die Tatsache, dass diese Wesen, nennen wir sie Menschen, selbstschöpfend tätige Wesen sind. Innerhalb ihrer Gesellschaftsformen können diese selbstbewussten Wesen freilich ihre Rollen wechseln und ihre Aufgaben teilen, was in speziellen Anerkennungsverhältnissen ausgehandelt wird. Das ist nur möglich, weil die jeweiligen Selbstkonzepte flexibel sind. Damit die Subjekte dabei autonom und frei bleiben, im Sinne von selbstbestimmt, muss dieser Anerkennungsprozess beide symmetrisch und in gerechter Weise betreffen. Anderenfalls würde ein asymmetrisches Verhältnis von Herr und Knecht entstehen, welches ein Subjekt zum „Werkzeug" eines anderen Subjektes degradiert, was mindestens (die „Mechanik" der Dialektik von Herr und Knecht würdigt letztlich auch das überlegene Subjekt herab, weil es nicht durch ein ebenbürtiges Subjekt anerkannt wird!)[24] das degradierte Subjekt zu einem Objekt herabwürdigt. So ist bei Aristoteles der Sklave als Sklave nur ein beseeltes Werkzeug und der Knecht bei Hegel tut nur das Tun des Herrn.[25] Auf diese Verhältnisse zwischen Subjekten soll hier aber nicht weiter eingegangen werden, auch wenn Subjekte auf diese Weise ihre Autonomie und Selbstbestimmtheit verlieren können, war die Ausgangsfrage ja allgemeiner. Nämlich, welche Rolle die philosophische Reflexion für ein autonomes Selbstbewusstsein spielt? Im Falle von Herr und Knecht, oder im Fall des Sklaven, ist es auch die Kraft der Reflexion, die die jeweiligen Selbstverhältnisse immer auch als Verhältnisse des Subjekts zu anderen Subjekten und/oder zu einer generisch allgemeinen Wirklichkeit expliziert. Die Rolle der philosophischen Reflexion ist also immer eng damit verbunden, das Selbstbewusstsein zu etablieren bzw. es von einer naiven Selbsterkenntnis weg, hin zu einer

---

Umformung eines Naturstoffes (seiner Umwelt) selbst erschaffen hat. Man könnte sagen, dass solche modernen Subjekte nahezu vollständig ihrer eigenen Schöpfung als Umwelt begegnen, die sie aber freilich kollektiv geschaffen haben.

[23]Vgl. dazu Robert Brandom, Hegels Erbe, 2004, S. 46.
[24]Vgl. dazu Hegel, Phänomenologie des Geistes, 1986, S. 150 ff.
[25]Hegel, Phänomenologie des Geistes, 1986, S. 152

elaborierten und komplexen Form des Selbstbewusstseins zu führen, welche das Wechselspiel von Subjekt und Objekt, von Subjekt und Umwelt richtig erfasst. Das naive Selbstkonzept, z.b. eines Selbst, welches „im Inneren" gegeben[26] sei und welches man nur noch durch Introspektion erkunden müsse, wird durch ein teilweise offenes Selbstkonzept in Anerkennungsverhältnissen ersetzt.

Zusammenfassung und Schluss

Ziel dieser Arbeit war es, einige Betrachtungen zum Verhältnis der philosophischen Reflexion, zum philosophischen Selbstbewusstsein und zur Autonomie anzustellen. Es sollte dabei die Rolle der philosophischen Reflexion für ein autonomes Selbstbewusstsein untersucht werden. Es ist hoffentlich gelungen, die sehr komplexen und in viele neue Fragestellungen übergreifenden Zusammenhänge gewinnbringend zu erhellen, gerade weil die Arbeit an vielen Stellen selbst eher ein Versuch war, diese stark wechselseitigen oder „dialektischen" Phänomene zu erörtern, ohne eben zu viele Folgefragen aufzuwerfen. Diese Beschränkung diente dazu, möglichst stringent entlang ausgesuchter Probleme zu denken. Die Rolle der philosophischen Reflexion kann im Ergebnis als die einer notwendigen Bedingung für das Vorhandensein eines philosophischen Selbstbewusstseins beschrieben werden, welches ein Subjekt im dialektischen Verhältnis zu einer Gemeinschaft/ Kultur denkend und selbsttransparent erfasst. Das generisch Allgemeine der Regeln, Handlungsformen, Gesetze, Praxen und der Sprache wird als gemeinsame oder kollektive Schöpfung der Subjekte begriffen und die Teilhabe der Subjekte an diesem generisch Allgemeinen wird begriffen. Diese zunächst formale und abstrakte Explikation der Verhältnisse von Subjekt und Allgemeinem ist die Leistung oder das Ergebnis einer stetigen Praxis der philosophischen Reflexion. Ohne sie gibt es kein Selbstbewusstsein, oder nur eine degenerierte Form des selbigen, welche in ihrer Beschränktheit den „Schlüssel" zu ihrer Überwindung bereits enthält. Man kann sagen, dass die philosophische Reflexion jede beschränkte Form des Selbstbewusstseins und jedes beschränkte Selbstkonzept transzendiert, eben indem sie die Beschränktheit des jeweiligen Konzeptes expliziert und so überwindet, bzw. den Weg zu dessen Überwindung frei macht. Die Richtung, in welche das mangelhafte Selbstkonzept überwunden wird, welches mit einem mangelhaften Verständnis, auch des generisch

---

[26]Hegel ist m.E. in der Logik, wie in der PdG ein Kritiker des bloß Gegebenen. Bei der Explikation des vermeintlich Gegebenen, entdeckt der Denkende dann, die Vermittlungsstufen und die eigene Rolle in diesen Wissensformen, wobei seine unmittelbares Wissen stets auch reflexiv wird, oder eben eine Bestimmte Form des Selbstbewusstseins erlangt.

Allgemeinen, bzw. mit eben der fehlenden systematischen Verbindung dieser beiden „Pole" korrespondiert, ist immer eine, welche die bloße Selbstbespiegelung durch eine Reflexion auf die Bedingungen der Teilhabe an den Lebensformen des Menschen hin nimmt. Das Subjekt entdeckt sich Schritt für Schritt als vergemeinschafteter Mensch, der von generisch allgemeinen Prinzipien angereichert und durchdrungen ist, der dieses Allgemeine, sei es die Sprache, sei es eine Kunstform, oder ein positives Gesetz, aber eben auch mitbestimmt und durch eine kritische Praxis stets optimieren oder auch verwerfen kann. Eine in diesem Sinne verstandene Kritik, oder die Negation des bloß Bestehenden, bloß Gegebenen, kann immer erst nach einer erfolgreichen Reflexion auf diese dialektischen Verhältnisse ihrem Anspruch und Begriff gerecht werden. Denn vom Standpunkt des Subjekts aus wird schließlich diese Kritik geführt, also muss dieses Subjekt seine Wahrheit, sein Wesen, sein Eingebundensein ins Allgemeine, seine Geschichtlichkeit und seine Fähigkeit zur Kritik in einem Selbstbewusstsein erfassen. Die Autonomie und Freiheit des Subjekts ist nicht allein von totalitären Gesellschaftsformen bedroht, sondern auch durch beschränkte oder vollkommen falsche Vorstellungen von uns selbst. Auch was wir als wesentlich geistige Lebewesen wirklich sind und wie sich unser Potential in eine mögliche Wirklichkeit umarbeiten lässt, erschließt uns kraft der philosophischen Reflexion.

Literaturliste

G.W. F. Hegel, Phänomenologie des Geistes, suhrkamp taschenbuch wissenschaft, 1986

G.W. F. Hegel, Frühe Schriften, suhrkamp taschenbuch wissenschaft, 1986

Pirmin Stekeler-Weithofer, Philosophie des Selbstbewusstseins – Hegels System als Formanalyse von Wissen und Autonomie, suhrkamp taschenbuch wissenschaft, 2005

Hegels Erbe, Halbig, Quante, Siep (Hgg.), suhrkamp taschenbuch wissenschaft, 2004

Axel Honneth, Kampf um Anerkennung – Zur moralischen Grammatik sozialer Konflikte, suhrkamp taschenbuch wissenschaft, 2012

Robert B. Pippin, HEGEL ON SELF-CONSCIOUSNESS – Desire and Death in the Phenomenology of Spirit, Princeton University Press, 2011

Charles Taylor, Hegel, suhrkamp taschenbuch wissenschaft, 1983